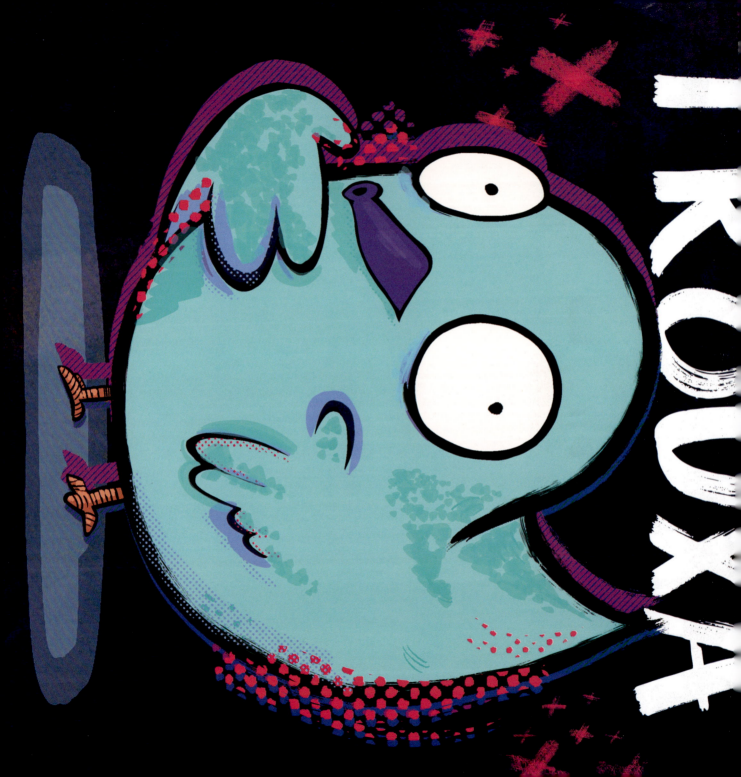

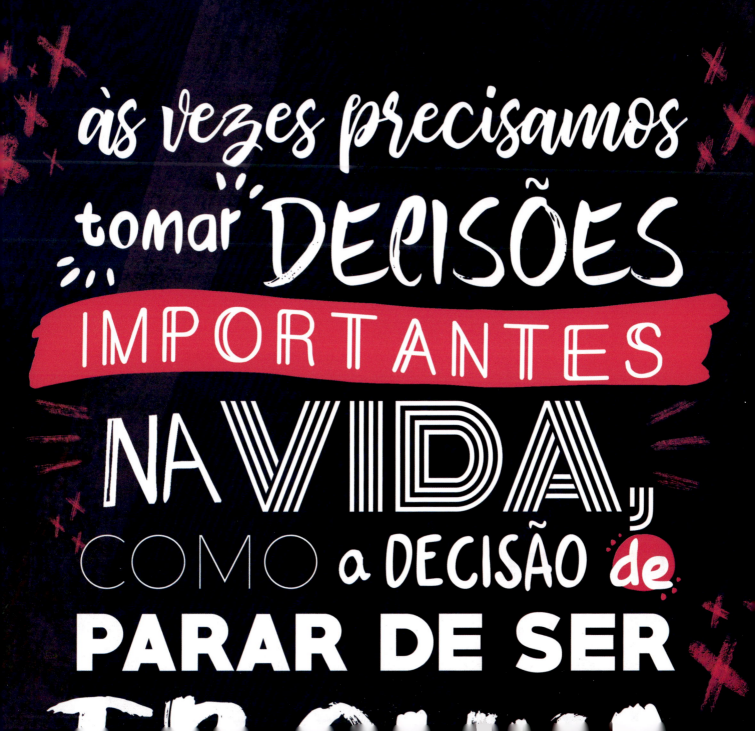

E AE, Zé RUELA ?

BLZ?

VAI LÁ E LÊ ESSE
LIVRO ORNE UMA
RESSER MENOS
T.ÔR?

Copyright ©2021 Letícia Pusti
Todos os direitos dessa edição reservados à AVEC Editora.

Nenhuma parte desta publicação poderá ser reproduzida, seja por meios mecânicos, eletrônicos ou em cópia reprográfica, sem a autorização prévia da editora.

Editor: **Artur Vecchi**
Diagramação: **Vitor Coelho**
Roteiro, ilustração e cores: **Letícia Pusti**
Revisão: **Mari Korman**
Lettering: **Caio Gomes**

1ª edição, 2021
impresso no Brasil/ Printed in Brazil

Dados internacionais de catalogação na Publicação (CIP)
(Câmara Brasileira do Livro, SP, Brasil)

P 987   Pusti, Letícia
           Mensagens positivas com pitadas de agressividade / Letícia Pusti.
           Porto Alegre : Avec, 2021

48 p. : il

ISBN 978-65-86099-73-7

1. Motivação (Psicologia)   2. Técnicas de autoajuda
           I. Título

CDD 158.1

Índice para catálogo sistemático:
1.Motivação (Psicologia) 158.1

Ficha catalográfica elaborada por Ana Lucia Merege – 4667/CRB7

Caixa Postal 7501
CEP 90430-970 – Porto Alegre – RS
contato@aveceditora.com.br
www.aveceditora.com.br
@aveceditora

VAI SER [DIFÍCIL]

VAI SER cansativo

VAI LEVAR TEMPO

talvez nem valha

A PENA

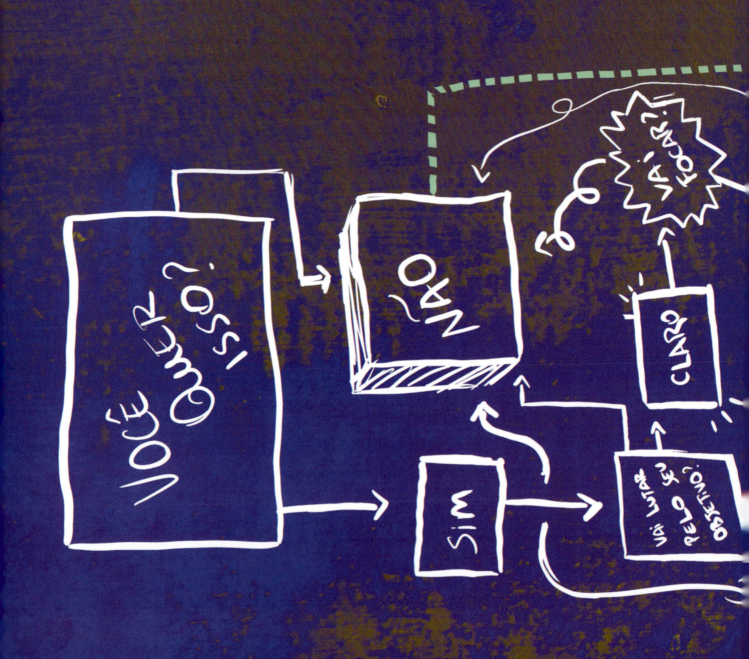

→ O IMPORTANTE

É A JORNADA

↳ E OS RESULTADOS,
DE PREFERÊNCIA,
+ POSITIVOS

Calma, Relaxa!
e fica FELIZ!

As coisas ainda podem ~~PIORAR~~ MELHORAR! ✔

"SEJA FORTE!

É HORA DE ESQUECER

OS ERROS DO PASSADO

E JÁ SE PROGRAMAR PRA SOFRER PELOS ERROS DO FUTURO

```
F Y H R I A L M N O E R T T O K G M
L I O E E N T E B E D R W O L E O Y
C D M I D I O T A A H K N W Y P G T
E U L U S H D B L Y A W E V D E L S
E I N W L T R O U X A F E N B T H E
E A D W O E S C R O T O I R A I R N
S D A W L I L O N S H E R R B H O C
O U N T E M E I T H A C Y T A N D V
W I L I X O N S G T O I I N C S O E
M D E A E S D A N H W A S T A N T E
E R A U F O T Á R I O N U U T O E E
B E S T A I R I S B E O N A N C D S
```

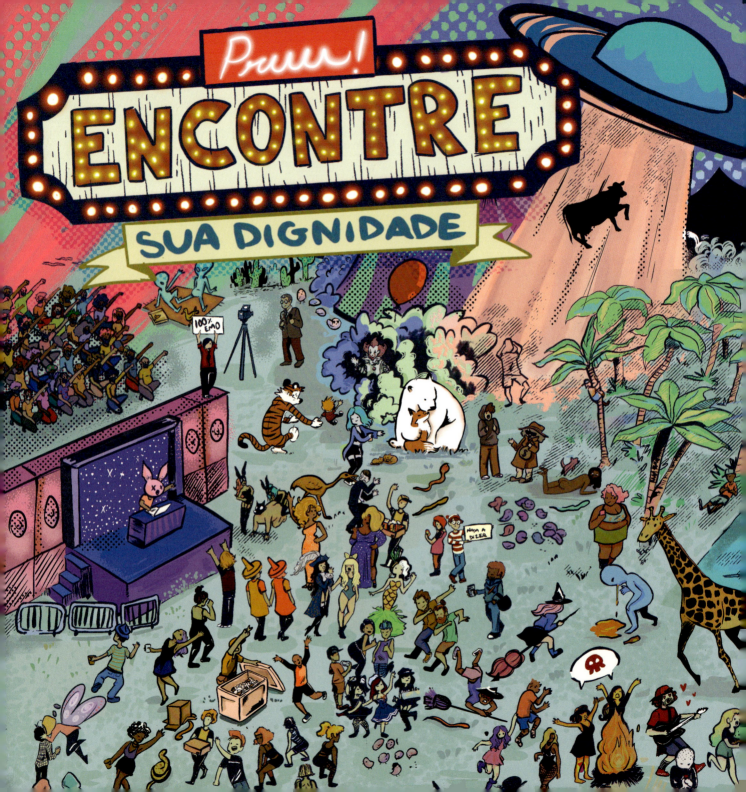

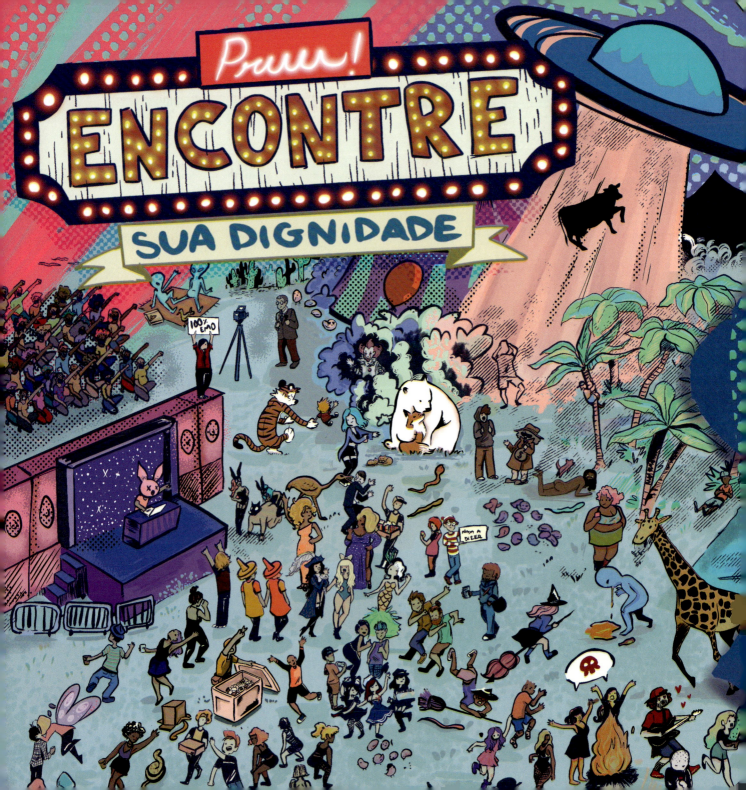

Admiro o quanto você é incansável! Não cansa de passar VERGONHA

QUANDO VOCÊ NÃO SOUBER O QUE FAZER,

LEMBRE-SE: TODAS AS SUAS DECISÕES SÃO PÉSSIMAS

ÀS VEZES A RAZÃO
É QUE VOCÊ É OTÁRIO
E TOMA DECISÕES DE MERDA